Christian Risse

Münzen als Medien unter Kaiser Nero

Drei ausgewählte Beispiele

GRIN Verlag

Bibliografische Information der Deutschen Nationalbibliothek:

Die Deutsche Bibliothek verzeichnet diese Publikation in der Deutschen National-
bibliografie; detaillierte bibliografische Daten sind im Internet über http://dnb.d-
nb.de/ abrufbar.

Impressum:

Copyright © 2014 GRIN Verlag GmbH
Druck und Bindung: Books on Demand GmbH, Norderstedt Germany
ISBN: 978-3-656-66649-3

Dieses Buch bei GRIN:

http://www.grin.com/de/e-book/274059/muenzen-als-medien-unter-kaiser-nero

GRIN - Your knowledge has value

Der GRIN Verlag publiziert seit 1998 wissenschaftliche Arbeiten von Studenten, Hochschullehrern und anderen Akademikern als eBook und gedrucktes Buch. Die Verlagswebsite www.grin.com ist die ideale Plattform zur Veröffentlichung von Hausarbeiten, Abschlussarbeiten, wissenschaftlichen Aufsätzen, Dissertationen und Fachbüchern.

Besuchen Sie uns im Internet:

http://www.grin.com/

http://www.facebook.com/grincom

http://www.twitter.com/grin_com

Inhaltsverzeichnis

1. Einleitung

Die vorliegende Arbeit beschäftigt sich mit der medialen Wirkung dreier Münzen aus der Zeit des römischen Kaisers Nero. Anhand dieser ausgewählten Beispiele soll untersucht werden, inwiefern Münzen Medien nach der, von Werner Faulstich verwendeten Definition als „komplexe, institutionalisierte Systeme um organisierte Kommunikationskanäle mit spezifischem Leistungsvermögen."[1], sind. Ferner soll gezeigt werden, wie Münzen damals interpretiert werden konnten, an welche Schichten oder Kreise der Bevölkerung sie sich richteten und ob es einen Zusammenhang zwischen dem Nominal einer Münze und ihrer Botschaft gibt.

Hierzu soll zunächst in groben Zügen der historische Kontext der Münzen näher erläutert werden, in dem vorab die Ereignisse im Leben des römischen Kaisers Nero vorgestellt werden, auf die sich die vorgestellten Münzen beziehen. Danach wird das römische Wirtschafts- und Geldsystem erörtert, um darzulegen, welche Rolle Münzen in der Wirtschaft der Zeit spielten, wie sie verteilt waren und wer potentiell Zugriff auf die entsprechenden Nominalen hatte. Ergänzt wird dies noch durch einen kurzen Abriss über die Wirkung von Münzen als Medium ihrer Zeit.

Im Anschluss an die Einordnung in den Kontext wird die erste Münze, ein Aureus aus der Anfangszeit der Regierung Neros, vorgestellt. Sie soll als Beispiel dienen, wie Münzen von hohem Wert auch spezielle Botschaften für die römische Elite übermitteln sollten und den Zusammenhang zwischen Material der Münze, ihrer Verbreitung und ihrer Botschaft, verdeutlichen. Die zweite Münze, ein Sesterz mit dem Motiv des Hafens von Ostia, soll zeigen, wie Münzen für Propagandazwecke, als Botschaft für eine breite Öffentlichkeit genutzt werden können, sowie die Bildung von kollektiver Erinnerung durch Münzbilder erklären. Die letzte Münze, ein As mit der Darstellung des Apollon, soll als Beispiel für Grenzen der möglichen Interpretation dienen und verdeutlichen, dass Münzen, wie jede Quelle, immer auch im Kontext ihrer Zeit gesehen werden müssen und jede Interpretation die Gefahr birgt, spätere

---

[1] Werner Faulstich: Das Medium als Kult. Von den Anfängen bis zur Spätantike (8. Jahrhundert), Göttingen 1997 (Die Geschichte der Median, Bd. 1). S. 10.

Erkenntnisse und Meinungen, sowie die Meinungen einer kleinen Gruppe der Zeit im Gegensatz zur Gesamtbevölkerung, zu sehr in den Fokus zu nehmen

2. Kontext-

2.1. Eine kurze Übersicht über das Leben und die Regierungszeit Neros.

Nero wurde im Jahr 37 n.Chr. als Lucius Domitius Ahenobarbus als Sohn des Konsuls Domitius Ahenobarbus und Julia Agrippina in Antium geboren. Sein Vater starb bereits im Jahr 40 woraufhin die Mutter versuchte, sich weiterhin im Umfeld des Herrschaftshauses Roms zu etablieren. Daher heiratete Agrippina im Jahr 49, nach längerem Werben, den neuen Princeps Claudius, der Nero im Jahr 50 adoptierte.[2] Obwohl Claudius mit Britannicus einen leiblichen Sohn hatte, war Nero der Ältere und hatte somit auch einen Anspruch, der Nachfolger Claudius' zu werden.[3] 54 starb Claudius unter ungeklärten Umständen, angeblich an einer Pilzvergiftung, woraufhin, in der unklaren Situation des plötzlichen Todes, die Frage der Nachfolge schnell geklärt werden musste. Wohl auch auf Betreiben der überaus ehrgeizigen Agrippina, wurde Nero der Prätorianergarde, deren Zustimmung seinerzeit als wichtigstes Element der Herrschaftslegitimation galt, als neuer Princeps vorgestellt.[4] Neros erste Regierungsjahre zeigten sich noch vom Einfluss seiner Mutter geprägt. Er war sehr zielstrebig, aber weitgehend zurückhaltend und festigte weiterhin seine Macht, jedoch auch schon mit drastischen Mitteln. So ließ er, oder auch seine Mutter, im Jahr 55 seinen potentiellen Rivalen Britannicus ermorden, um die Frage der Nachfolge Claudius' endgültig zu seinen Gunsten zu klären.[5] Der Einfluss seiner Mutter, die sich immer mehr in Regierungsfragen und sein Privatleben einzubringen versuchte, wurde ihm aber mit der Zeit zu groß, so dass es schließlich über die Beziehung Neros zur Freigelassenen Acte zum Streit zwischen Mutter und Sohn und zur Entmachtung Agrippinas kam.[6] Der römischen Bevölkerung zeigte sich Nero jedoch auch weiterhin als großzügiger Herrscher, ließ 57 ein großes Amphitheater errichten und verteilte eine großzügige Getreidespende, ein

---

[2] Jürgen Malitz: Nero, München 1999. Im Folgenden zitiert als: Malitz, Nero. S. 7-15.
[3] David L. Vagi: Coinage and History of the Roman Empire, London 2000. Im Folgenden zitiert als Vagi, Coinage and History. S. 165.
[4] Malitz, Nero. S. 17-19.
[5] Vagi, Coinage and History, S. 165.
[6] Malitz, Nero. S. 30-39.

sogenanntes „Congiarium". Im darauffolgenden Jahr unterstützte er verarmte Senatoren mit Geldmitteln.[7] Ab etwa 59 n.Chr. pflegte Nero einen immer exzentrischeren Lebensstil und absolvierte erste, noch halböffentliche Auftritte vor der römischen Prominenz im Garten seines Palastes als Wagenlenker und Kitharöde, also als Dichter, Sänger, der seine Gedichte rezitiert und sich dabei noch selbst auf der Leier begleitet. In der griechischen Tradition, der sich Nero verbunden fühlte, trat er dabei teilweise nackt oder auch in Frauenkleidern auf. Dies war durchaus nicht ungefährlich, da es seinerzeit für den römischen Herrscher nicht schicklich war, sich derart zu präsentieren. Wohl auch deshalb versuchte Agrippina ein letztes Mal auf ihren Sohn einzuwirken, der sie daraufhin ermorden ließ. Nero hielt weiterhin daran fest, sich als Schauspieler und Dichter zu betätigen und richtete im Jahr 60 sogar das sogenannte „Neronia" ein, Festspiel mit Schauspiel, Wagenrennen und Dichterlesungen, das in Folge alle 5 Jahre stattfinden sollte. Generell fühlte sich Nero im Zusammenhang mit seinen Versuchen als Dichter und Musiker Gehör zu finden, der griechischen Kultur stark verbunden, plante schon früh eine Reise nach Griechenland und hält sich sehr oft im eher griechisch geprägten Neapel auf um dort seine Stimme zu schulen und sich auf Auftritte vorzubereiten, während er die Regierungsgeschäfte in Rom mehr und mehr vernachlässigte. So trat Nero 64 in Neapel öffentlich als Kitharöde auf und reiste im Jahr 66 nach Griechenland, um an den dortigen Festspielen für Kunst und Dichtung teilzunehmen. [8] Er soll dort insgesamt 1808 Auszeichnungen erhalten haben, und befreite daraufhin Griechenland von allen Abgaben an Rom und gewährte den Griechen weitgehende Selbstverwaltung, weshalb er dort als „Befreier Griechenlands" bezeichnet wurde.[9] Neros großes Engagement in Griechenland und seine Vernachlässigung der Regierungsgeschäfte führten jedoch zu einer Destabilisierung der Verhältnisse in Rom, was ihn 68 zur vorzeitigen Rückreise nach Rom, beziehungsweise nach Neapel zwang, wo ihn auch die Nachrichten über einen Aufstand des Caius Julius Vindex in Gallien und die Ausrufung Galbas zum Imperator in Spanien erreichten. Wohl kurz nachdem Galba auch vom Senat zum Princeps ernannt wurde, wurde Nero ermordet.

---

[7] Malitz, Nero. S. 52-53.
[8] Malitz, Nero. S. 39-48.
[9] Malitz, Nero. S. 95-96.

Seine berühmten letzten Worte sollen angeblich gewesen sein: „Welch ein Künstler stirbt mit mir!"[10]

2.2. Geld und Wirtschaft zu Neros Zeit

Der Handel und die Wirtschaft im frühen römischen Kaiserreich basierten komplett auf Geldwirtschaft, wobei es allerdings keine einheitliche Währung im gesamten römischen Reich gab. Im Westen bildete der Sesterz die Basis, während im Osten des Reiches die Drachme verwendet wurde. Beide standen in einem festen Wechselkurs zueinander.[11] Es ist also davon auszugehen, dass römische Prägungen auch nur im Westen des Reiches in signifikanter Menge zirkulierten. Die Angaben über die Münzmenge im Umlauf und die Menge der, durch Nero ausgegebenen, Münzen sind widersprüchlich. Es wird davon ausgegangen, dass zu Beginn der Regierungszeit Neros, noch zahlreiche Bronzemünzen aus der Zeit des Claudius, Tiberius und Augustus im Umlauf waren und speziell in dieser Zeit nur wenige Goldmünzen ausgegeben wurden.[12] Erst im späteren Verlauf der Regierung Neros stieg die Goldförderung in Dalmatien und auf der iberischen Halbinsel an und es kamen mehr Aurei in Umlauf.[13] Andererseits wurden in der frühen römischen Kaiserzeit zahlreiche Münzstätten aus republikanischer Zeit geschlossen, dennoch große Gebiete wie etwa Britannien, dem römischen Reich einverleibt, in denen ein Münzumlauf erst aufgebaut werden musste, was wiederum darauf hindeutet, dass die Münzmenge nur knapp ausreichend war. Hierauf deutet auch die zahlreiche und unkontrollierte Prägung von Imitationen hin.[14] Wohl schon zu Caligulas Zeiten, spätestens aber unter Nero wurde die Prägung von Edelmetallen in Rom zentralisiert, weswegen davon ausgegangen werden kann, dass ein Großteil der Goldmünzen von Rom aus, meist in Form staatlicher Zahlungen, etwa für Sold und die Bezahlung staatlicher Bauvorhaben, aber

---

[10] Malitz, Nero. S. 101-112.

[11] David Kessler, Peter Temin: Money and Prices in the Early Roman Empire, in: Harris, William (Hg.): The Monetary systems of the Greeks and Romans, Oxford 2008, S. 137-159. S. 158-159.

[12] Manfred Beier: Das Münzwesen des Römischen Reiches, Regenstauf 2002. Im Folgenden zitiert als: Beier, Münzwesen. S .73.

[13] Frank Beyer: Geldpolitik in der Römischen Kaiserzeit. Von der Währungsreform des Augustus bis Septima Severus, Wiesbaden 1995. Im Folgenden zitiert als: Beyer, Geldpolitik. S. 62-63.

[14] Hans-Markus von Kaenel: Römische Numismatik, in: Fritz Graf (Hg.): Einleitung in die lateinische Philologie, Stuttgart 1997, S. 670 – 696. Im Folgenden zitiert als von Kaenel, römische Numismatik. S. 683.

auch als Spenden in Umlauf gebracht wurden.[15] Eine zentralisierte Prägung von Goldmünzen in Rom hätte darüber hinaus auch logistisch Sinn gemacht, da von Rom aus die Goldminen der iberischen Halbinsel gut zu erreichen waren. Kleinere, lokale Prägestätten haben nur in kleinem Umfang Gold- und Silbermünzen geprägt.[16] Speziell Goldmünzen sind dabei aber nur langsam zirkuliert, da sie eine wichtige Anlage von großem Wert waren und häufig nur wenn es nötig war, weitergegeben wurden. Es wird davon ausgegangen, dass der Fernhandel eine eher untergeordnete Rolle spielte und der Austausch von Waren und Geld eher lokal stattfand, was dazu führte, dass die Münzen auch nicht sehr weit zirkulierten. Lediglich Kaufleute transferierten größere Geldsummen, meist als Goldmünzen, über weitere Strecken. Dennoch hatten speziell Goldmünzen ein großes Prestige sowohl für den Geber, als auch für den Empfänger, was zu der Tendenz führte, Münzen aus Edelmetall eher zu horten, um Reichtum, etwa für den Erbfall zu bündeln. Goldmünzen gab es aber nicht nur in der Elite, auch Soldaten erhielten diese als Sold.[17] Es gab allerdings auch schon bargeldlosen Zahlungsverkehr, den speziell sehr reiche und kreditwürdige Bürger der Stadt Rom über Banken und Kredite abwickelten.[18] Im Osten des Reiches war, durch die hellenistische Tradition, das Bankenwesen und der bargeldlose Zahlungsverkehr ebenfalls weit verbreitet, in Ägypten wurden teilweise sogar Schecks benutzt.[19]

Münzen wurden auch bewusst verwendet. Die literarischen Zeugnisse vermitteln, dass das Portrait des Kaisers auf Münzen zwar keine Hauptrolle bei der Verbreitung des Bildnisses des Kaisers spielten, jedoch einen wichtigen Aspekt der Machtsymbolik darstellten. Münzprägung und Münzen waren dabei das Medium, das, anders als etwa Statuen und Bauten, in private Sphären eindringen konnte.[20] Die Verbreitung von Münzen und ihre Rezeption hingen dabei auch von ihrem Wert und ihrer Kaufkraft ab, weshalb an dieser Stelle

---

[15] Von Kaenel, römische Numismatik, S. 687-690.

[16] David W. MacDowall: The western coinages of Nero, New York 1979. Im Folgenden zitiert als: MacDowall, Western coinages of Nero. S. 13-15.

[17] Elio Lo Cascio: The Function of Gold Coinage in the Roman Empire, in: Harris, William (Hg.): The Monetary systems of the Greeks and Romans, Oxford 2008, S. 160-173. S. 164-170.

[18] William Harris: The Nature of Roman Money, in: Harris, William (Hg.): The Monetary systems of the Greeks and Romans, Oxford 2008, S. 174-207. S. 207.

[19] Beyer, Geldpolitik, S. 76-84.

[20] Christopher Howgego: Geld in der Antiken Welt. Was Münzen über Geschichte verraten. Darmstadt 2000. Im Folgenden zitiert als Howgego, Geld. S. 84-85.

kurz auf das Werteverhältnis der einzelnen Nominale zueinander, sowie grob auf die möglichen Preise zu Neros Zeit eingegangen werden soll. Das höchste Nominal war der Aureus, eine Goldmünze, die in 25 Denare umgerechnet werden konnte. Ein Denar wiederum bestand aus vier Sesterzen, beziehungsweise acht Dupondien oder 16 Assen. 16 Asse entsprachen 64 Quadrantes, dem kleinsten Nominal. Der Jahressold eines Legionssoldaten betrug zur Zeit Neros etwa neun Aurei im Jahr, wobei wohl auch kleinere Nominale ausgezahlt wurden, neun Aurei entsprechen 225 Denare. Der durchschnittliche Tageslohn in Pompeji betrug zwischen fünf Assen und einem Denar. Für den Lebensunterhalt einer Person waren in Pompeji etwa 8 Asse zu rechnen. Als Beispiel sei noch erwähnt, dass ein halber Liter Wein, je nach Qualität ein bis vier Asse kostete. Recht günstig war der Eintritt in ein öffentliches Bad der Stadt Rom, der etwa ein Quadrans kostete.[21] Durch diese kleine Übersicht wird deutlich, dass es Münzen gab, die eher schnell den Besitzer wechselten, wie die kleinen Nominale As und Quadrans, weswegen Motive auf diesen wohl sehr verbreitet waren, aber eventuell nicht sehr prominent im Bewusstsein der Menschen waren. Münzen wie der Aureus dagegen hatte man nicht oft in Händen und nahm sie und ihre Botschaft wohl deutlich bewusster wahr. Durch ihren Wert erreichten sie daneben wohl auch die sozialen Gruppen, die in der Lage waren das Bildrepertoire, sowie die, häufig abgekürzten Umschriften richtig zu lesen und zu deuten.[22]

Römische Münzen waren daher zwar in erster Linie Zahlungsmittel, jedoch hatten sie auch eine wichtige Form als Propagandamedium. In Rom existierte zwar ein offizielles Nachrichtensystem, jedoch diente dieses vordringlich nur dazu Informationen zwischen Kaiser, dem Senat und den lokalen Provinzverwaltungen auszutauschen. Erlasse, Befehle und Gesetze wurden öffentlich verkündet und an prominenter Stelle angeschlagen. Angesichts der großen Entfernungen im römischen Reich dauerte es jedoch sehr lange, teilweise wochenlang, bis Nachrichten aus Rom, die Grenzregionen erreichten. Ein weiteres Problem ergab sich auch daraus, dass Rom ein landwirtschaftlich geprägter Vielvölkerstaat war, in dem viele Bürger die lateinische Amtssprache

---

[21] Von Kaenel, römische Numismatik, S. 682.
[22] Howgego, Geld, S. 87-88

nicht sicher beherrschten und dazu noch Analphabeten waren.[23] Die Bevölkerung ausschließlich durch schriftliche Botschaften über bestimmte Ereignisse zu informieren wäre daher nicht sehr effektiv gewesen. Um also kaiserliche Propaganda wirkungsvoll und weitgehende unbeeinflusst zu übermitteln, boten sich Münzen an. Die Expansion des Reiches forderte einen steten Nachschub an Münzen, die, bei Bedarf schnell und je nach Nominal auch kostengünstig hergestellt werden konnten. Geld wurde täglich benötigt und speziell Kleingeld verbreitete sich schnell. Münzen haben darüber hinaus den Vorteil, dass sie von dauerhaftem Material sind und, wenn einmal geprägt, fast nicht mehr verfälscht werden konnten.[24] Die bildliche Darstellung wichtiger Ereignisse, sowie die Verbreitung des kaiserlichen Portraits stellten sicher, dass fast jeder die Botschaft der Münzen zu verstehen vermochte.

Dennoch sollten Münzen nicht etwa als „Zeitungen der Antike" missverstanden werden. Vordringlicher Zweck der Münzen war nicht unbedingt zeitnah über aktuelle Ereignisse zu berichten, sie sollten vielmehr gewisse Ereignisse im kollektiven Bewusstsein und der Erinnerung festigen.[25]

3. Die Münzen und ihre Botschaft.

3.1. RIC 1 – Aureus – Nero und Agrippina

Abbildung 1: RIC I 1

Dieser Aureus stammt aus der Anfangszeit der Herrschaft Neros und zeigt noch sehr deutlich, den Einfluss seiner überaus ehrgeizigen Mutter Agrippina, die damals ohne Rücksicht auf das Ansehen des Sohnes versuchte, ihre

---

[23] Peter Hardetert: Propaganda Macht Geschichte. Fünf Jahrhunderte Römische Geschichte von Caesar bis Theodosius in Münzen geprägt, Gelsenkirchen, Schwelm 1998. Im Folgenden zitiert als: Hardetert, Propaganda Macht Geschichte. S. 24-25.
[24] Hardetert, Propaganda Macht Geschichte. S. 25-26.
[25] Reinhard Wolters: The Julio-Claudians, in: Metcalf, William E. (Hg.): The oxford Handbook of Greek and Roman Coinage, Oxford 2012. S. 335-356. Im Folgenden zitiert als: Wolters, The Julio-Claudians. S. 342.

Position auszubauen und ihre Macht zu festigen. Auf der Vorderseite sind links der junge Nero, noch weitgehend ohne die später immer prominenteren typischen Gesichtszüge, sowie rechts seine Mutter abgebildet, wobei die Legende: Agrippina Aug(usta) divi Claud(i uxor) Neronis Caes(aris) mater auf der Vorderseite sowohl den Machtanspruch Agrippinas deutlich macht, wie auch den Eindruck vermittelt, die Mutter des Kaisers selbst hätte die Prägung dieser Münze in Auftrag gegeben.[26] Anders als bei etwas späteren Darstellungen von Mutter und Sohn auf Münzen, sind die beiden auf dieser einander zugewandt und scheinen in einen Dialog zu stehen, was ebenfalls wieder ein Indiz für den Machtanspruch und den Einfluss Agrippinas auf ihren Sohn ist, Die Art der Darstellung folgt dabei einem ptolemäischen Vorbild.[27] Auf der Rückseite findet sich ein anderes wichtiges, aber auch etwas ungewöhnliches Element. So ist dort neben den, für kaiserliche Münzen üblichen, Ehren- und Herkunftsbezeichnungen, der Ausdruck EX S.C. also Ex Senatus Consulto prominent in der Mitte positioniert. Dies kann als Versuch Neros, oder auch seiner Mutter Agrippinas gedeutet werden, sowohl nach außen den durch den Senat bestätigten legitimen Herrschaftsanspruch, klar darzustellen, wie auch umgekehrt dem Senat gegenüber eine gewisse Bescheidenheit und Ehrenbezeugung zukommen zu lassen.[28] Nero ist allerdings der erste Princeps, der im Verlauf seiner Regierung, das, bis dato auch auf kleineren Nominalen, obligatorische „SC" nicht mehr auf Münzen prägen ließ. Dabei ist unklar, ob die gefundenen Münzen ohne „SC" tatsächlich für den Geldumlauf bestimmt waren, oder Medaillons werden sollten, was die Prägung des „SC" überflüssig gemacht hätte. Diese Münzen ohne die Prägung „SC" waren darüber hinaus auch etwas leichter, als die entsprechenden Nominale mit der Prägung.[29] Die Prägung „SC" bezieht sich also eher auf die Legitimation der Münze, nicht des Herrschers durch den Senat, wobei sich die Bedeutung dieses Ausdrucks auch zu Zeiten Neros schon geändert haben könnte.[30] Es ist durchaus möglich, dass Nero am Anfang seiner Regierungszeit noch deutlich machen wollte, die Rückendeckung des Senats zu haben und dies

---

[26] Malitz, Nero, S. 22-23.
[27] Wolters, The Julio-Claudians, S. 344-345.
[28] Robert Carson: Coins. Ancient, Mediaeval &Modern, London ²1970. S. 131.
[29] MacDowall, Western coinages of Nero, S. 37-67.
[30] Wolters, The Julio-Claudians. S. 339-340.

später nicht mehr für erforderlich hielt. Die Münze weist eine weitere Besonderheit auf. Sowohl die Umschrift auf der Vorder- wie auf der Rückseite sind nach außen ausgerichtet, was untypisch für römische Münzen ist, deren Umschrift normalerweise genau umgekehrt nach innen gerichtet ist. Über die Gründe hierfür kann nur spekuliert werden, es könnte sein, dass dadurch die Umschrift, sowie die Münze an sich noch bewusster wahrgenommen wurde und so ihre Botschaft noch etwas eindringlicher präsentiert wurde.

Wie bereits erwähnt, kursierten die Aurei nicht sehr weit und auch nicht besonders schnell. Daneben wurde Edelmetall zentralisiert in Rom geprägt, was die Vermutung nahelegt, die Adressaten der Botschaft dieser Münzen waren vornehmlich die höheren Familien der Stadt Rom, um deren Gunst sowohl Agrippina als auch Nero buhlten, um ihre nicht ganz statthaft erhaltene Macht zu legitimieren und ihre Position entscheidend zu festigen. Da auch Soldzahlungen in Goldmünzen geleistet wurden, gehörten wohl auch Soldaten zu den Empfängern, deren Unterstützung sicherlich auch unverzichtbar war.

3.2. RIC 178 – Sesterz- Der Hafen von Ostia

Abbildung 2: RIC I 178.

Aus der späteren Regierungszeit des Nero, etwa aus dem Jahr 64 n.Chr. stammt dieser Sesterz aus Messing. Auf der Vorderseite ist das Portrait Neros zu sehen. Anders als auf den frühen Münzen ist das Profil nun unverwechselbarer, Nero ist klar zu erkennen und trägt als kaiserliche Insignie den Lorbeerkranz. Die Rückseite zeigt den Hafen von Ostia aus der Vogelperspektive. Es sind sieben Schiffe im Hafenbecken zu sehen, unten sitzt ein zurückgelehnter Neptun mit Ruder und Delphin.[31] Oben ist der Leuchtturm abgebildet, rechts und links Anlege- und Entladungsstellen. Die Legende dazu lautet. Por (tus) Ost(iensis)

---

[31] Beier, Münzwesen, S. 72.

Augusti. Mit dieser Münze, die wohl speziell in Rom durch ihren geringeren Wert und ihre weite Verbreitung, auch vielen Menschen zugängig war, zeigte Nero an, den bereits unter Claudius begonnenen Ausbau des Hafens von Ostia, fertiggestellt zu haben. Rom besaß keinen eigenen Hafen, die Schiffe mit dem, für die Versorgung der Stadtbevölkerung wichtigen, Getreide aus Ägypten legten in Ostia an, von wo es schließlich den Tiber hinauf nach Rom transportiert wurde. Die römische Bevölkerung neigte schnell zu Unruhen, wenn sich die Versorgung mit Nahrungsmitteln verschlechterte.[32] Mit dem Ausbau des Hafens konnte Nero der Öffentlichkeit deutlich machen, wie sehr er sich als Herrscher auch um die Belange der normalen Bevölkerung kümmerte, und auch seinen Pflichten als Verantwortlicher für die Versorgung mit Getreide in vollem Umfang nachkam. Damit sicherte sich Nero insbesondere bei den Bevölkerungsschichten, die von der sicheren Versorgung mit Nahrungsmitteln abhängig waren, bis in die letzten Wochen seiner Regentschaft, eine große Popularität. Er konnte mit der Botschaft dieser Münze deutlich machen, dass er sich nicht nur, wie ihm zuletzt vorgeworfen wurde, um seine künstlerische Weiterentwicklung kümmerte, sondern durchaus auch „handfeste" Projekte zu Ende brachte, die für die gesamte Bevölkerung Bedeutung hatten.[33] Dabei erfüllt diese Münze ganz klar eine propagandistische Aufgabe. Sie festigte in der breiten Bevölkerung die kollektive Erinnerung, dass Nero eben diesen Hafen in Ostia ausgebaut und damit die Versorgung der römischen Bevölkerung nachhaltig gesichert hatte. Das Projekt selber war allerdings bereits von Neros Stiefvater Claudius geplant und unter dessen Herrschaft auch weitgehend fertiggestellt worden, jedoch erst durch Nero endgültig eingeweiht. Nero hatte sowohl an der Planung, der Finanzierung und dem Bau keinen großen Anteil, konnte aber durch diese Münze klar kommunizieren, dass er sich um die Bevölkerung Roms sorgte. Sogar als sich herausstellte, dass die weite Wasserfläche des großen Hafenbeckens eine Gefahr bedeutete als 62 n. Chr. durch einen Sturm etwa 200 Schiffe und durch einen Brand 100 weitere vernichtet wurden, stieg der Preis

---

[32] Hans Schaal: Ostia. Der Welthafen Roms, Bremen 1957. Im Folgenden zitiert als: Schaal, Ostia. S. 22-26.
[33] Malitz, Nero, S. 54-55.

für Getreide, wohl auch auf Befehl Neros, nicht. Die Bevölkerung konnte sich der Leistungsfähigkeit des Hafens und auch ihres Kaisers sicher sein.[34]

3.3 RIC 78 – As – Nero als Apollon?

Abbildung 3: RIC I 78.

Dieses As zeigt, wie Münzen und ihre Botschaft auch missverstanden werden können, beziehungsweise ihre Botschaft mehrdeutig sein kann. Eine eher ungewöhnliche und für einen römischen Kaiser augenscheinlich ungünstige Darstellung ist auf der Rückseite dieses Asses zu finden. Die Vorderseite der Münze aus dem Jahr 64 n.Chr. zeigt wieder die unverwechselbaren Gesichtszüge Neros mit dem kräftigen Hals, den dicken Wangen und den etwas tiefliegenden Augen. Der angestrengte, fast drohende Blick kann als Machtdemonstration gedeutet werden, jedoch war Nero, einigen Autoren nach, stark kurzsichtig, was die zusammengezogene Mimik durchaus erklären könnte.[35] Nero war dabei einer der ersten römischen Kaiser, die sich auf Münzen nicht in idealisierter Form abbilden ließen, wie etwa Augustus dies noch getan hatte. Nero legte großen Wert auf die Gestaltung seiner Münzen und ließ sein Portrait realistisch und daher auch mit Schwächen abbilden.[36] Sowohl auf der Vorder- wie auch auf der Rückseite finden sich die, für die Zeit üblichen, Münzlegenden, entscheidender allerdings ist die Darstellung des griechischen Gottes Apollon mit der Lyra auf der Rückseite. Wie bereits erwähnt war Nero der griechischen Kultur sehr zugetan und präsentierte sich immer wieder in der Pose des Dichters und Schauspielers. Es war für einen römischen Herrscher zwar nicht angebracht, sich seinem Volk in dieser Weise

---

[34] Schaal, Ostia, S. 40-42.
[35] Beier, Münzwesen, S. 74.
[36] Wolters, The Julio-Claudians, S. 340.

zu präsentieren, jedoch gibt es Hinweise, dass Nero seine Vorstellungen recht gut und professionell absolvierte und viel Arbeit und Zeit in das Verfeinern seiner Künste investierte. Ebenfalls war Nero wohl recht stolz auf sein Können und hielt sich mit seinen Talenten eher ungern zurück.[37] So erscheint es durchaus realistisch, wenn zahlreiche Autoren die Meinung vertreten, Nero habe sich auf dieser Münze, die darüber hinaus als As offenbar eine große Verbreitung besaß, selbst als Apollon darstellen lassen. Dies wurde allerdings von seinen Gegnern, wie auch von späteren Geschichtsschreibern als Verhöhnung und Beleidigung des kaiserlichen Amts verstanden. Es ist durchaus möglich, dass zahlreiche Zeitgenossen dieses Münzbild so verstanden, jedoch erscheint es eher ungeschickt und auch etwas unrealistisch, dass Nero, der sehr großen Wert auf die Gestaltung seiner Münzen legte, sich einen solchen Fehler bewusst erlaubte. Es gibt kein ikonographisches Element, keine Gesichtszüge oder Legende auf diesen Münzen, die nahelegen, dass wirklich Nero als Apollon dargestellt wird. So ist es möglich, dass die Münzen einfach Apollon zeigen, den Nero, der der griechischen Kultur sehr positiv gegenüber stand, schlicht wertvoll genug fand, ihn auf seine Münzen prägen zu lassen.[38] Eine ebenso realistische Möglichkeit, dass es doch Nero selbst ist, der auf der Rückseite der Münze als Apollon dargestellt wird wäre allerdings auch, dass die Darstellung als Apollon einer augustinischen Tradition entspricht und das Leierspiel des Nero durch den Bezug auf Apollon eine gewisse Ernsthaftigkeit erfährt. Der ausschweifende Lebensstil und die künstlerische Betätigung des Kaisers waren vielleicht schon zu publik um noch geheim gehalten werden zu können und eine mögliche Ausdeutung in dieser Form könnte das Ansehen des Kaisers retten.[39] Schon seit dem Jahr 59, als er verstärkt halböffentliche Auftritte als Kitharöde absolvierte, machte Nero offenbar klar, sein Können Apollon zu verdanken, wie Tacitus berichtet.[40]

Diese Münze birgt eine große Gefahr der Missinterpretation, da Neros Bild über die Jahre in der Geschichte nachhaltig geprägt wurde, etwa in der Beschreibung, wie er leierspielend den großen Brand Roms begleitet, oder die ersten Christen verfolgen lässt. Nero hatte in seiner Regierungszeit einige

---

[37] Malitz, Nero, S. 47-49.
[38] Howgego, Geld, S.99.
[39] Michael Grant: Nero, London 1970. S. 207
[40] Edward Champlin: Nero, Apollo, and the Poets, Phoenix Vol. 57 (2003), S. 276-283. S. 281.

Senatoren und andere Personen der Oberschicht Roms durch seinen exzentrischen Lebensstil und seine Skrupellosigkeit in Dingen der Macht brüskiert und nachhaltig verärgert, was diese wiederum dazu veranlasste ein verzerrtes Bild des Kaisers weiter zu geben.[41] Die normale römische Bevölkerung war dem spendablen Nero, der keine Zweifel an seiner Fähigkeit die Stadt zu versorgen, unabhängig seines künstlerischen Engagements, ließ, durchaus zugetan und über dessen Tod nicht glücklich.[42] Die Umstände, unter denen diese Münze geprägt wurde bleiben, wie ihre mögliche Rezeption in der Bevölkerung, unklar. Durch das recht kleine Nominal wurden sie und ihre Bilder wahrscheinlich im Alltag nicht besonders wahrgenommen. Das Bild, welches wir heute von Nero haben, hat sich über viele Jahre aufgebaut und die mögliche Interpretation der Münze sich mit ihm verändert.

4. Fazit

Es konnte gezeigt werden, dass Münzen als Medium durchaus der Definition Werner Faulstichs entsprechen. Sie sind *komplexe Systeme*, da sie ein eigenes System von Nominalen und Wertverhältnissen darstellen, *institutionalisiert*, denn sie werden von einer zentralen Stelle, dem Kaiser oder zumindest dem Senat und den Münzprägestätten, also dem Staat allgemein, entworfen, geprägt und auch ausgegeben und sind daher auch gleichzeitig *organisiert*. Darüber hinaus haben sie eine bestimmte Botschaft, die sich auch an einen bestimmten Empfänger richtet, sie sind also auch *Kommunikationskanäle* und haben ein *spezifisches Leistungsvermögen*, da sie sich, je nach Wert, an unterschiedliche Schichten der Bevölkerung wenden, sowie ihre Botschaft selbst komplexer oder einfacher gestaltet werden kann, etwa um gegenüber der Oberschicht einen Herrschaftsanspruch zu legitimieren oder um durch schlichte Propaganda, wie die Einweihung des Hafens von Ostia, die Zustimmung einer breiten Bevölkerung zu sichern. Daneben konnte deutlich gemacht werden, wie Kaiser Nero Münzen nutzte, um Botschaften an bestimmte Personengruppen zu übermitteln und welche Bedeutung dies hatte. Schlussendlich konnte durch das Beispiel der Münze des leierspielenden Apollon gezeigt werden, dass Münzen, wie alle Quellen, zu jeder Zeit, immer im Kontext ihrer Zeit und der Ebene

---

[41] Edward Champlin: Nero Reconsidered, New England Review (1990-)Vol. 19, No. 2 (Spring, 1998), S. 97-108. Im Folgenden zitiert als: Camplin, S. 97.
[42] Nero Reconsidered, S. 107.

ihrer Betrachtung gesehen werden müssen und es eine Gefahr der Fehlinterpretation, etwa durch einen anderen Informationshintergrund, gibt.

Auch wenn die antiken Münzen häufig eingehend untersucht worden sind und es viele Arbeiten zur Numismatik gibt, existieren in der Forschung auch genauso viele unterschiedliche Interpretationen zu den Bildern auf Münzen. Unklar ist immer noch, welche Münzen im Alltagsleben des „normalen" Bürger welche mediale Rolle spielten und wie sie überhaupt verteilt waren. Es gibt verschiedene Meinungen, etwa zur Bezahlung von Legionären in Goldmünzen, oder zum Umlauf von älteren Münzen, die noch von Vorgängern Neros geprägt wurden. Auch der Ort und die Frage der Gestaltungshoheit von Münzen, die beim Kaiser selbst, aber auch bei der Prägeanstalt selbst gelegen haben könnte, ist in der Forschung noch nicht endgültig geklärt, was die Frage nach dem Sender der Botschaften von Münzen nicht immer eindeutig beantworten kann.

Münzen bleiben aber unbestritten ein wichtiges Medium in der Antike und werden ihre Wirkung in der Bevölkerung nicht verfehlt haben. Auch wenn sie nicht, analog zu unserem modernen Verständnis von Medien, als Überbringer von aktuellen Neuigkeiten, wie etwa eine Zeitung oder eine Fernsehmeldung verstanden werden können, waren sie, allein schon durch ihre weite Verbreitung, das Medium der Wahl, wenn es darum ging, Errungenschaften des Herrschers oder seine Ansprüche der Öffentlichkeit kundzutun. Anders als in der heutigen Zeit wurden Bilder auf Münzen in der Antike vermutlich bewusster wahrgenommen und ihre Botschaft von einer breiteren Basis verstanden. Münzen waren in der Antike eben nicht bloßes effizientes Zahlungsmittel, sondern mehr. Sie waren Nachrichtenarchiv, Sammelobjekt, Anlage, in gewisser Weise Geschichtsbuch und Gesetzestext – ein komplexes, institutionalisiertes System um organisierte Kommunikationskanäle mit spezifischem Leistungsvermögen.

5. Literaturverzeichnis

- Beier, Manfred: Das Münzwesen des Römischen Reiches, Regenstauf 2002.
- Beyer, Frank: Geldpolitik in der römischen Kaiserzeit. Von der Währungsreform des Augustus bis Septimus Severus, Wiesbaden 1995.
- Carson, Robert: Coins. Ancient, Mediaeval &Modern, London ²1970.
- Champlin, Edward: Nero Reconsidered, New England Review 19 (1998), S. 97-108. http://www.jstor.org/stable/40243335.
- Champlin, Edward: Nero, Apollo, and the Poets, in: Phoenix 57 (2003), S. 276-283. http://www.jstor.org/stable/3648517.
- Drexhage, Hans Joachim (u.a.): Die Wirtschaft des Römischen Reiches (1.-3. Jahrhundert). Eine Einführung, Berlin 2002.
- Faulstich, Werner: Das Medium als Kult. Von den Anfängen bis zur Spätantike (8. Jahrhundert), Göttingen 1997 (Die Geschichte der Median, Bd. 1).
- Grant, Michael: Nero, London 1970.
- Hardetert, Peter: Propaganda Macht Geschichte. Fünf Jahrhunderte Römische Geschichte von Caesar bis Theodosius in Münzen geprägt, Gelsenkirchen, Schwelm 1998.
- Harris, William: The Nature of Roman Money, in: Harris, William (Hg.): The Monetary systems of the Greeks and Romans, Oxford 2008, S. 174-207.
- Howgego, Christopher: Geld in der Antiken Welt. Was Münzen über Geschichte verraten. Darmstadt 2000.
- Kessler David, Temin, Peter: Money and Prices in the Early Roman Empire, in: Harris, William (Hg.): The Monetary systems of the Greeks and Romans, Oxford 2008, S. 137-159.
- Lo Cascio, Elio: The Function of Gold Coinage in the Roman Empire, in: Harris, William (Hg.): The Monetary systems of the Greeks and Romans, Oxford 2008, S.160-173.
- MacDowall, David William: The Western Coinages of Nero, New York 1979 (Numismatic Notes and Monographs Bd.161).
- Malitz, Jürgen: Nero, München 1999.

- Schaal, Hans: Ostia. Der Welthafen Roms, Bremen, Frankfurt a.M. 1957.

- Vagi, David L.: Coinage and History of the Roman Empire, London 2000.

- Von Kaenel, Hans-Markus: Römische Numismatik, in: Fritz Graf (Hg.): Einleitung in die lateinische Philologie, Stuttgart 1997, S. 670 – 696.

- Wolters, Reinhard: The Julio-Claudians, in: William E. Metcalf (Hg.): The Oxford Handbook of Greek and Roman Coinage, Oxford 2012, S. 335-356.

6. Abbildungsverzeichnis

- Abbildung 1: RIC I 1:
  http://www.ancientcoins.ca/RIC/RIC1/RIC1_Nero_1-
  200.htm/RIC1.jpg (letzter Zugriff am 25.02.2014 um 14:02).
- Abbildung 2: RIC I 178:
  http://www.ancientcoins.ca/RIC/RIC1/RIC1_Nero_1-
  200.htm/RIC178.jpg (letzter Zugriff am 25.02.2014 um 14:03).
- Abbildung 3: RIC I 78:
  http://www.ancientcoins.ca/RIC/RIC1/RIC1_Nero_1-
  200.htm/RIC78.jpg (letzter Zugriff am 25.02.2014 um 14:05).